Nous conjuguons!

Le verbe **AIMER** au présent de l'indicatif

Catalogage avant publication de Bibliothèque et Archives Canada

Pelletier, Dominique, 1975-, auteur, illustrateur
Le verbe aimer au présent de l'indicatif / Dominique Pelletier, auteur et illustrateur.

(Nous conjuguons!)
ISBN 978-1-4431-4334-9 (couverture souple)

1. Aimer (Le mot français)--Ouvrages pour la jeunesse. 2. Français
(Langue)--Conjugaison--Ouvrages pour la jeunesse. I. Titre.

PC2317.A36P45 2015   j448.2   C2014-906638-4

Copyright © Dominique Pelletier, 2015, pour le texte et les illustrations.
Tous droits réservés.

Il est interdit de reproduire, d'enregistrer ou de diffuser, en tout ou en
partie, le présent ouvrage par quelque procédé que ce soit, électronique,
mécanique, photographique, sonore, magnétique ou autre, sans avoir obtenu
au préalable l'autorisation écrite de l'éditeur. Pour la photocopie ou autre moyen de
reprographie, on doit obtenir un permis auprès d'Access Copyright, Canadian Copyright
Licensing Agency, 1, rue Yonge, bureau 800, Toronto (Ontario) M5E 1E5
(téléphone : 1-800-893-5777).
Édition publiée par les Éditions Scholastic, 604, rue King Ouest, Toronto (Ontario) M5V 1E1.

5 4 3 2 1   Imprimé au Canada 119   15 16 17 18 19

MIXTE
Papier issu de
sources responsables
FSC® C103113

10%

Nous conjuguons!

Le verbe **AIMER** au présent de l'indicatif

Dominique Pelletier

Éditions SCHOLASTIC

J'aime papa et maman.

Tu aimes papa et maman.

Il aime papa et maman.

Elle aime papa et maman.

Nous aimons papa et maman.

Vous aimez papa et maman.

Ils aiment papa et maman.

Elles aiment papa et maman.

J'aime la crème glacée.

Tu aimes la crème glacée.

Il aime la crème glacée.

Elle aime la crème glacée.

Nous aimons la crème glacée.

Vous aimez la crème glacée.

Ils aiment la crème glacée.

Elles aiment la crème glacée.

J'aime les jeux vidéo.

Tu aimes les jeux vidéo.

Il aime les jeux vidéo.

Elle aime les jeux vidéo.

Nous aimons les jeux vidéo.

Vous aimez les jeux vidéo.

Ils aiment les jeux vidéo.

Elles aiment les jeux vidéo.

J'aime les fruits.

Tu aimes les fruits.

Il aime les fruits.

Elle aime les fruits.

Nous aimons les fruits.

Vous aimez les fruits.

Ils aiment les fruits.

Elles aiment les fruits.

J'aime le hockey.

Tu aimes le hockey.

Il aime le hockey.

Elle aime le hockey.

Nous aimons le hockey.

Vous aimez le hockey.

Ils aiment le hockey.

Elles aiment le hockey.

J'aime la musique.

Tu aimes la musique.

Il aime la musique.

Elle aime la musique.

Nous aimons la musique.

Vous aimez la musique.

Ils aiment la musique.

Elles aiment la musique.

Vous aimez la musique.

J'aime les livres.

Tu aimes les livres.

Il aime les livres.

Elle aime les livres.

Nous aimons les livres.

Vous aimez les livres.

Ils aiment les livres.

Elles aiment les livres.

J'aime les chiens.

Tu aimes les chiens.

Il aime les chiens.

Elle aime les chiens.

Nous aimons les chiens.

Vous aimez les chiens.

Ils aiment les chiens.

Elles aiment les chiens.

J'aime papa et maman.

Tu aimes la crème glacée.

Il aime les jeux vidéo.

Elle aime les fruits.

Nous aimons le hockey.

Vous aimez la musique.

Ils aiment les livres.

Elles aiment les chiens.

Instructions
Cartes éclair

Exerce-toi à conjuguer
le verbe aimer à l'aide des
cartes éclair qui suivent.
Le verbe conjugué figure
au dos de chaque carte.

J'	**Tu**
Il	**Elle**
Nous	**Vous**
Ils	**Elles**

Tu aimes la crème glacée.

J'aime papa et maman

Elle aime les fruits.

Il aime les jeux vidéo.

Vous aimez la musique.

Nous aimons le hockey.

Elles aiment les chiens.

Ils aiment les livres.